NOTICE BIOGRAPHIQUE

SUR

M. THÉOPHILE BOUTIOT

LUE A LA SÉANCE PUBLIQUE DE LA SOCIÉTÉ ACADÉMIQUE DE L'AUBE

LE 1ᵉʳ JUIN 1877

PAR

M. ÉMILE SOCARD

Membre résidant de la Société.

TROYES

IMPRIMERIE ET LITHOGRAPHIE DUFOUR-BOUQUOT

RUE NOTRE-DAME, 45 ET 41

1877

Piquée, phot.

THÉOPHILE BOUTIOT

NOTICE BIOGRAPHIQUE

SUR

M. THÉOPHILE BOUTIOT

M. ÉMILE SOCARD

NOTICE BIOGRAPHIQUE

SUR

M. THÉOPHILE BOUTIOT

LUE A LA SÉANCE PUBLIQUE DE LA SOCIÉTÉ ACADÉMIQUE DE L'AUBE

LE 1er JUIN 1877

PAR

M. ÉMILE SOCARD

Membre résidant de la Société.

TROYES

IMPRIMERIE ET LITHOGRAPHIE DUFOUR-BOUQUOT

RUE NOTRE-DAME, 45 ET 44

—

1877

NOTICE BIOGRAPHIQUE

SUR

M. THÉOPHILE BOUTIOT

L'immortel auteur de la *Divine Comédie,* le Dante, a écrit quelque part, dans une de ses œuvres poétiques, cette maxime admirable de vérité :

> *La stirpe non fa nobili le persone,*
> *Ma si le persone la stirpe,*

que je traduis ainsi : la naissance n'anoblit pas les personnes, ce sont les personnes qui anoblissent la naissance. Jamais maxime n'a trouvé une plus heureuse application que celle dont je m'empare aujourd'hui pour le sujet que je vais traiter. Faire la biographie de M. Boutiot, que nous avons tous connu, que tous nous regrettons, c'est montrer que des rangs les moins élevés on peut atteindre par son travail une position que peuvent ambitionner les plus favorisés par la naissance et par la fortune. Le travail ! ce fut toute la vie de M. Boutiot et ce fut aussi sa noblesse. Cœur noble, intelligence noble, il sut se faire aimer, se faire apprécier, se faire estimer. Il fut à la fois citoyen dévoué, ami sincère, et, comme on l'a dit, d'une nature honnête, loyale, sympathique. Croyez-en celui qui l'a bien connu depuis son séjour à Troyes, et dont les études historiques et archéologiques ont souvent mêlé sa vie à la sienne par une similitude de goûts et de recherches. L'hommage que je veux lui rendre aujourd'hui est une dette de cœur que je suis heureux d'acquitter en public à sa chère et douce mémoire.

Joseph-Théophile Boutiot est né à Vendeuvre-sur-Barse, le 21 novembre 1816, de parents modestes qui n'avaient pas rêvé pour lui un avenir au-dessus de leur position de cultivateurs, et qui par conséquent ne lui firent donner que l'instruction primaire de son village. Mais, dès ce moment, on aurait pu pressentir ce que devait être un jour ce petit paysan réfléchi, travailleur, étranger aux jeux de son âge, et ne cherchant sa récréation que dans la lecture et l'étude des rares livres laissés à sa disposition. Qu'il me soit permis de citer ici l'opinion d'un de ses amis d'enfance : c'est comme un écho lointain des premières années de M. Boutiot, de sa vie d'écolier, et des tendances qu'il manifestait dès cette époque : « Vivant presque sous le même toit — nous écrit cet ami — nous étions dans notre jeunesse, pour ainsi dire, toujours ensemble. Cependant nous n'avions pas les mêmes goûts. Théophile aimait l'étude, et moi le jeu. Nos petites querelles de gamins venaient de ce qu'il ne voulait point quitter sa lecture pour faire une partie de quilles. Mais on s'aimait et on se pardonnait mutuellement. Nous avions quelques volumes de Berquin, le Robinson Crusoé, le Magasin des Enfants et autres livres du même genre. Il les lisait et les relisait, les préférant aux plus beaux jouets.

» Il apprit à lire, à écrire et à compter chez l'instituteur communal, M. Henriot. Ensuite ses parents le mirent pendant un an ou deux chez un maître de pension du pays, M. Drouet, où il reçut les premières notions de latin. Il était très-studieux; mais il n'était pas toujours le premier de sa classe. »

Remarquons ici qu'un autre de nos compatriotes, M. Delaunay de l'Institut, ce savant de premier ordre, dont j'ai retracé la vie, il y a quelques années, n'eut pas de plus brillants commencements. Le moment n'était pas encore venu où les facultés intellectuelles devaient prendre leur entier et plein développement. — Je continue la lettre commencée :

« Théophile quitta définitivement l'école à 12 ans environ, pour ne plus y rentrer. Son père, modeste cultivateur, en avait besoin pour lui aider dans sa culture. Je le vois encore, à l'âge de seize ans, avec sa blouse bleue, ses gros souliers ferrés, s'en allant à charrue, assis sur son cheval, et tenant un livre ouvert à la main... Allait-il en voyage ? le dimanche, allions-nous en promenade? toujours le livre l'accompagnait, et toujours c'était un ouvrage sérieux, servant à son instruction.

» Cependant il prenait goût à la culture. Là, son esprit observateur trouvait à méditer. »

J'ai cité textuellement les termes de la lettre de l'ami d'enfance de M. Boutiot (M. Auguste Guilhaumou); pardon pour les détails qui, de prime abord, sembleraient un peu puérils, mais ils caractérisent si bien la physionomie première de notre ami que nous n'avons pu résister au plaisir de les rapporter dans toute leur naïveté.

Ainsi, dès son enfance, M. Boutiot aima l'étude. Les livres furent les fidèles compagnons de son travail manuel, et lorsque du soc de sa charrue il retournait la terre qui devait recevoir la semence annuelle, il avait soin d'interroger le creux du sillon pour lui demander s'il ne recélait pas quelque fragment d'un autre âge, quelque silex antehistorique, quelque monnaie antique. Dès ce moment, il préludait à ses études géologiques, physiques et naturelles, rapportant à la maison des échantillons de l'âge de pierre, de fer et de bronze, des scories des forges anciennes, célébrées par son compatriote, le poète Nicolas Bourbon, pour les étudier à loisir dans le silence de sa petite chambre de travail. Dès ce moment, il observa les différentes couches du sol de ses contrées, et le futur membre de la Société géologique de France traçait sur le papier, de la même main qui dirigeait la charrue, ces coupes et ces profils de terrains qui devaient lui servir plus tard pour les travaux à lui confiés par la Société Académique de l'Aube. Mais n'anticipons pas.

Malgré le goût qu'avait M. Boutiot pour la culture, à laquelle pourtant il ne s'était livré que pour obéir à son père, on comprend que son amour de l'étude se trouvait trop comprimé, et que des aspirations secrètes le portaient vers un séjour où la science lui offrait de plus riches ressources. De là, son premier séjour à Troyes, où il partageait son temps entre ses devoirs de clerc dans une étude de notaire et la satisfaction de ses goûts pour les travaux de l'intelligence. Mais son père venait d'agrandir ses affaires ; les bras du fils furent de nouveau réclamés, et l'obéissance fit encore taire pour un instant la grande voix de la science. Nous sommes en 1832 ; M. Boutiot avait seize ans. Il reprend donc les manches de la charrue, sans toutefois oublier ses livres. Il mène de front l'étude et les travaux de la campagne. Il oublie, le soir et pendant une partie des nuits, les fatigants labeurs de la journée, et se repose du travail physique par le travail intellectuel.

J'ai dit que son esprit observateur trouvait sans cesse à méditer. En voici un exemple que je tire d'une de ses lettres écrite en 1837, le 26 juin ; il avait alors vingt ans.

« Je suis allé jusqu'au Val-d'Osne (Haute-Marne), que » j'ai parcouru et surtout admiré. Cet établissement métal- » lurgique, rare dans son genre, marche avec un ordre, » une précision qu'une grande autorité peut seule mainte- » nir. C'est là qu'on peut s'imaginer ce que c'est qu'un

» gouvernement absolu et quels travaux immenses il peut
» exécuter, quand les travailleurs sont soumis et que la voix
» qui les commande, qui les dirige, est inébranlable dans
» ses dispositions.

» Une aussi grande puissance dans les mains d'un seul
» est impossible dans nos contrées. Il faut, comme les ha-
» bitants de la Haute-Marne, ne pas avoir connu le bien-
» être que procure la propriété, quelque petite qu'elle soit,
» pour se laisser asservir d'une telle manière. Là, un maître
» de forges est plus puissant que le roi ; car c'est lui, ce
» maître de forges, qui donne du pain à une foule de gens
» qui, sans lui, mourraient de faim.

» Je suis donc revenu encore plus convaincu d'un prin-
» cipe : c'est que dans l'agriculture seule on peut trouver
» la vraie liberté possible au sein de notre civilisation. »

Une grande partie de la correspondance de M. Boutiot
est remplie d'observations sur les sujets les plus divers.
Tout était pour lui matière à étude, et il ne négligeait rien
de ce qui peut enrichir l'intelligence et fortifier le jugement.

Nous sommes déjà loin du petit écolier de douze ans qui
n'était pas le premier de sa classe. A vingt ans, il avait laissé
bien loin derrière lui tous ses condisciples, grâce à son
amour du travail, à son ardeur pour l'étude servie alors par
le complet épanouissement de ses facultés.

Mais l'agriculture, malgré les charmes que lui reconnais-
sait M. Boutiot, ne devait pas le retenir plus longtemps au
séjour des champs. Les aspirations vers la ville, véritable
foyer de l'instruction et de la science, arrachèrent de nouveau notre compatriote à la vie de la campagne.

Ici se place le second voyage de M. Boutiot pour Troyes,
et cette fois, pour s'y fixer définitivement. C'était vers 1840.
Il venait d'être nommé commis-greffier du Tribunal civil.
Dans les loisirs que lui laissaient les fonctions de sa charge,
il continuait ses études favorites sur l'histoire de son pays,

prenait des notes, pour les coordonner plus tard, se familia-
risait avec les difficultés de la procédure commerciale, étu-
diait à fond la géologie, la géographie, l'archéologie, l'histoire, s'occupant de tout ce qui s'apprend, *de omni re
scibili ;* j'ajouterais presque et de bien d'autres choses encore, *et quibusdam aliis,* comme on l'a dit du célèbre Pic
de la Mirandole. Mais pour accomplir un pareil travail, que
de veillées ajoutées aux journées, que de nuits même pas-
sées à former cet amas de connaissances qui nous a si souvent
vent étonnés !

Il faut dire aussi que l'intelligence de M. Boutiot était
servie par une mémoire heureuse, j'allais écrire prodigieuse.
Un seul exemple nous en fera juger. J'avais besoin un jour
d'une date à assigner à un fait local, et je demandai à
M. Boutiot s'il pourrait me l'indiquer. Vous la trouverez, me
répondit-il, dans tel registre, telle pièce — je crois qu'il
allait ajouter telle ligne, si je l'avais pressé — des archives
municipales. Or, on compte les registres par centaines, et
M. Boutiot n'avait fait qu'en inventorier les pièces. C'est
vous dire quelle mémoire locale il possédait. Quand une
date qui l'intéressait lui avait passé sous les yeux, elle était
burinée dans sa mémoire, et l'on pouvait aller l'y trouver au
besoin. Ce fait merveilleux s'est reproduit plusieurs fois
dans le cours de son existence.

Il n'est donc pas étonnant qu'étant aussi bien doué, et
travaillant nuit et jour à l'étude de notre histoire locale,
M. Boutiot nous ait laissé un bagage littéraire aussi important que celui dont je donne le détail à la suite de cette notice. Voyons ici sommairement les différentes phases de ses
productions, tout en poursuivant l'histoire de sa vie.

La première manifestation de son talent scientifique s'est
faite le 22 novembre 1846. C'est un article critique inséré
au *Propagateur de l'Aube,* sous le titre de *Géologie du
département de l'Aube,* et signé seulement par modestie de
l'initiale de son prénom, T***. L'important ouvrage de

M. Leymerie, son maître en géologie, y est analysé et apprécié en connaissance de la matière. Plus tard, il donne la mesure de sa science géologique dans son *Essai sur les sources de la Barse*, que la Société Académique a jugé digne de ses *Mémoires*, ainsi que dans ses *Observations sur le niveau aquifère de la limite occidentale du calcaire jurassique dans le département de l'Aube*. Plusieurs autres travaux encore pourraient être cités.

Aussi, lorsque la mort de M. Emile Bardin laissa vacant le fauteuil n° 1 de la Société Académique (Section des sciences), M. Boutiot fut élu pour l'occuper à la séance du 19 mars 1852.

C'est à peu près à la même époque qu'il fut nommé membre de la *Société géologique de France*, puisque nous trouvons reproduite dans le *Bulletin* de cette Société la coupe générale du bassin de Paris, dont l'auteur avait accompagné ses *Etudes sur le forage projeté d'un puits artésien à Troyes*.

A partir de ce moment, les *Mémoires de la Société Académique de l'Aube*, l'*Annuaire de l'Aube*, les *Journaux*, les *Revues*, les publications périodiques, et même les *Almanachs* des arrondissements, sont remplis des travaux de M. Boutiot, tous intéressant à un haut degré notre histoire locale que personne ne connaissait mieux que lui.

Arrive la session à Troyes du *Congrès archéologique* en 1853. M. Boutiot y fait excellente figure. Aucune question, pour ainsi dire, n'est traitée sans qu'on ait pris son avis ; on sait que sa science en archéologie locale est la plus complète dans le pays. En un mot, son érudition est si bien connue qu'on n'oublie jamais de le consulter : c'était une autorité avec laquelle on pouvait n'être pas toujours d'accord, mais avec laquelle il fallait compter et souvent à laquelle il fallait se soumettre.

Au Congrès scientifique de France, tenu à Troyes en 1864, même autorité et plus grande encore. Le terrain diluvien du département de l'Aube, les terrains traversés par le chemin de fer de Paris à Mulhouse, les eaux, les dolmens, les fouilles, toutes les questions en un mot, sont étudiées, décrites, élucidées par M. Boutiot.

Ses lectures, à la Sorbonne, aux réunions annuelles des Sociétés savantes des départements, ont toujours été très-goûtées et très-appréciées.

Je passe sur une foule de travaux originaux, véritables jalons de la grande *Histoire de Troyes* de M. Boutiot, tels que ses diverses études sur la Barse, sur la Seine, sur l'administration municipale, sur les archives municipales, sur les localités du département, etc., pour arriver à ses *Etudes sur la géographie ancienne appliquées au département de l'Aube*, qui lui ont valu les éloges de tous les grands écrivains de notre époque avec lesquels il était en relations. Nous avons sous les yeux les témoignages les plus flatteurs qu'ils lui rendaient. Voyons comment M. Alfred Maury, membre de l'Institut, apprécie ce dernier ouvrage dans la *Revue archéologique* de septembre 1861 : « Voici, dit-il, un bon travail, qui prendra place à côté de ceux déjà fort nombreux, dont nos départements sont l'objet... Ces *Etudes* sont assurément un document d'une grande valeur pour la géographie ancienne de la France; elles peuvent, dès aujourd'hui, être regardées comme un chapitre achevé du grand ouvrage qu'élèvent, assises par assises, les savants de nos départements. » J'ajoute que ces *Etudes* ont obtenu une mention honorable de l'Académie des Inscriptions et Belles-Lettres. Ecoutons encore M. Henri Martin lui écrire à propos de certains renseignements inédits que M. Boutiot lui avait envoyés sur Jeanne d'Arc : « Veuillez recevoir tous nos remercîments des documents très-intéressants que vous avez eu l'obligeance de m'adresser. Je souhaite vivement que vous réalisiez le projet de publier vos études sur *Troies* au xv⁰ siècle. Rien n'est plus utile que de réveiller dans nos vieilles cités une vitalité trop engourdie, en leur rappelant ce que leur passé a eu d'honorable. La grande patrie souffre plus qu'on ne croit, lorsqu'on laisse éteindre moralement la petite patrie, la commune.

» Vous m'avez bien jugé et je vous en suis reconnaissant, en pensant que tout ce qui concerne Jeanne d'Arc me serait précieux. J'espère trouver occasion, quelque jour, dans une réimpression, d'utiliser vos intéressantes communications. »

M. Guizot lui-même lui écrivait : « Je n'ai pas voulu vous remercier, Monsieur, avant d'avoir lu votre mémoire sur *Louis XI et la ville d'Arras*. Il m'a fort intéressé et instruit. Vous avez très-bien étudié et raconté un épisode jusqu'ici presque inconnu. C'est par de tels travaux que l'Histoire de France deviendra enfin complète et claire. »

Ainsi les grands historiens de notre époque ne dédaignaient pas les travaux de M. Boutiot. Plusieurs, du reste, et notamment ce dernier mémoire, ont été récompensés. Une médaille d'or lui a été accordée par l'Académie d'Arras.

J'ai eu l'honneur d'être son collaborateur pour le *Supplément au Répertoire archéologique de l'Aube* et pour le *Dictionnaire topographique du département de l'Aube*, qui a remporté le prix en 1866, au Concours des Sociétés savantes à la Sorbonne. La remarquable *Introduction* qui précède ce dernier ouvrage est toute son œuvre, ainsi que les documents administratifs qui accompagnent les principaux articles du travail.

Il était bien juste que la Société Académique de l'Aube, pour laquelle M. Boutiot avait tant travaillé, le récompensât enfin de ses éminents services. C'est ce qu'elle fit en lui accordant la plus haute marque de son estime, en le nommant son Président pour 1872.

J'ai hâte d'arriver à l'œuvre capitale de toute la vie de M. Boutiot, à ce livre de haute importance qui a pour titre : *Histoire de la ville de Troyes et de la Champagne méri-*

dionale. Dire ce que renferment de documents précieux les quatre gros volumes dont elle se compose est une chose impossible : géologie, hydrographie, orographie, climatologie, géographie, topographie, divisions politiques, administratives, judiciaires, commerce, industrie, coutumes, gouvernements, voies de communication, tout y est. Peut-être lui reprochera-t-on un peu de confusion? Peut-être le lecteur, qui veut être attaché par les charmes du style, y trouvera-t-il quelque pesanteur mêlée de quelque sécheresse? Nous répondrons qu'un livre de science, historique ou autre, n'est pas un livre de lecture courante, comme un roman ou une bluette littéraire. On va y chercher une nourriture substantielle qui ne se prend qu'à petites doses. Quiconque voudra désormais connaître l'histoire de notre pays, sera forcé de consulter l'ouvrage de M. Boutiot, et de dire avec M. Guizot écrivant à notre auteur : « Je connais la solidité de vos travaux. »

Puisque le nom de M. Guizot vient de revenir une seconde fois sous ma plume, qu'il me soit permis de citer encore quelques passages de la correspondance de ce savant historien avec notre ami. A chacun des trois premiers volumes de l'*Histoire de Troyes*, l'éminent écrivain adressa à M. Boutiot une lettre de remercîment. Voici la troisième : « Je vous remercie, Monsieur, de votre 3ᵉ volume de l'*Histoire de Troyes*. Je l'ai déjà parcouru et j'en ai entrevu tout l'intérêt, spécialement quant à l'histoire de la Réforme dans votre ville au XVIᵉ siècle. Les faits précis et bien datés que vous rapportez m'importent pour le règne de François Iᵉʳ, dont je m'occupe en ce moment dans mon *Histoire de France racontée à mes petits-enfants*. L'Histoire des provinces a très-peu pénétré jusqu'ici dans l'Histoire de l'Etat. Là est pourtant la vraie histoire de la vraie France, etc. » Quelques jours après, dans une nouvelle lettre, M. Guizot revient sur la même époque et demande à M. Boutiot de nouveaux renseignements. « Je serais charmé, dit-il, d'avoir sur cette histoire, dans les villes de province, des détails précis et complets. »

Ainsi notre collègue, comme je l'ai fait déjà remarquer, était en relation littéraire avec un grand nombre de savants qui le consultaient, et tenaient à honneur d'avoir son avis sur certains points en litige ou peu connus. Déjà, en 1862, M. Boutiot avait fourni de nombreuses notes à M. Vallet de Viriville pour sa belle *Histoire de Charles VII*. En 1864, il avait collaboré au *Dictionnaire* des communes de France, publié par M. Adolphe Joanne, au *Guide du voyageur en France*, et enfin à l'*Histoire des gardes nationales de France*.

Ici se place la nomination de M. Boutiot au titre de membre correspondant de la *Société nationale des antiquaires de France*. Une telle activité littéraire semblerait exclure toute autre occupation. Il n'en était rien pourtant ; qu'on en juge.

M. Boutiot, je l'ai dit, avait été nommé commis-greffier du tribunal civil en 1840. Tout en occupant cet emploi, il fut choisi, en 1848, pour être administrateur du journal *La Sentinelle républicaine de l'Aube*. Plusieurs articles, sortis de sa plume, témoignent de sa sagesse et de sa modération en politique, tout en faisant preuve des idées les plus larges et les plus libérales.

Il quitta les fonctions de commis-greffier pour celle d'économe des hospices, en 1854. Mais ne pouvant supporter la vue des souffrances humaines qu'il avait constamment en présence, il démissionna l'année suivante et fut nommé expert-juré dans les affaires contentieuses et liquidateur de faillites. Dans toutes les questions juridiques de droits de propriété et d'administration qui lui furent soumises, sa parole fut toujours bien écoutée. Il y apportait un sens droit, une honnêteté inébranlable, une compétence reconnue.

Toutes ces qualités l'avaient fait apprécier de ses concitoyens, qui l'envoyèrent, le 14 août 1870, siéger au Conseil municipal de Troyes. Là il rendit les plus grands services à la ville en y utilisant ses aptitudes financières et administratives. Toutes les questions lui étaient familières ; il savait les élucider par ses connaissances spéciales appuyées sur un bon jugement.

De jour en jour M. Boutiot grandissait dans la considération publique. Aussi le 8 octobre 1871, nous le voyons nommer conseiller d'arrondissement. Comme au sein du Conseil municipal, il fit bénéficier ses concitoyens de la variété et de la solidité de ses connaissances. Il fut l'un des promoteurs de la révision du cadastre, œuvre si importante qu'il a soutenue avec la plus louable persévérance jusqu'au dernier jour de sa vie. Sa place était évidemment marquée au Conseil général, et nul doute qu'il n'y fût arrivé, si la mort n'était venue prématurément briser sa carrière.

Il trouvait encore du temps à donner à la Chambre de Commerce de Troyes, dont il était le secrétaire-archiviste. Dans une foule de questions, on avait recours à lui. Je me rappelle encore quels soins il a donnés au projet de chemin de fer de Calais-Méditerranée pour lequel il **a** écrit une *Etude* complète.

C'est encore lui qui fut chargé du classement des *archives judiciaires* du département, entassées dans les combles des prisons. Les archives municipales de la ville de Troyes manquaient de répertoires : on les doit encore à M. Boutiot.

Mais tant de travaux, tant d'occupations multipliées finirent par ébranler une santé qui semblait à l'épreuve de toutes les fatigues. Quoique doué d'une force presque herculéenne, M. Boutiot s'aperçut, plus de dix ans avant de mourir, qu'on ne joue pas impunément avec sa santé, et qu'un travail trop prolongé, au détriment de tout repos, arrive enfin à miner le corps le plus robuste. Dès 1860, il ressentit les premières atteintes d'un mal qui devait insensiblement le conduire à la tombe. « J'aurais été heureux, écrivait-il à cette époque à un de ses amis, de me joindre à vous pour célébrer votre fête de famille — une cinquantaine de mariage ; — mais j'ai le malheur en ce moment que les affaires me pressent, et que, fatigué outre mesure il y a trois jours, j'ai dû prendre du repos chez moi, tout en travaillant quinze heures par jour. Demain je repars ; puis après encore. Véritable juif-errant, je n'arrêterai qu'à la dernière heure ; j'en ai peur ! »

Il disait vrai. De jour en jour sa santé s'affaiblissait, et cependant il travaillait de plus en plus. Il lui tardait de mettre la dernière main à son *Histoire de Troyes* et de la voir lancée dans le public. Il eut cette consolation, et le 4ᵉ et dernier volume venait de paraître, lorsque la mort vint briser entre les doigts de l'auteur la plume qui l'avait si vaillamment servi. La *Table* seule reste à faire ; mais le fils de M. Boutiot ne laissera pas incomplète l'œuvre si importante de son père. On s'occupe en ce moment de la dresser, et l'année ne s'écoulera pas avant que cet indispensable complément, qui ne formera pas moins d'un fort volume, ait vu le jour.

Notre ami Boutiot mourut le 9 janvier 1875, à peine âgé de 58 ans, dans toute la plénitude de ses facultés. Ce fut un jour de deuil pour la cité, une perte pour le pays, une douleur profonde pour tous ceux qui avaient eu le bonheur de le connaître. A ses obsèques, auxquelles toute la ville s'était pressée, après les paroles si bien senties, prononcées sur sa tombe par M. Gustave Laperouse, au nom de la Société Académique, les larmes coulaient silencieusement de tous les yeux.

Le nom de M. Boutiot et son œuvre avaient traversé les frontières de la France. Quelques jours après sa mort, le 25 janvier, arrivait à son adresse le diplôme de membre correspondant de l'*Academia araldica genealogica Italiana* de Pise que lui envoyait spontanément le Président de cette

Société savante. Si les bornes d'une simple notice historique n'étaient déjà dépassées, je vous transcrirais ici quelques passages de la lettre élogieuse — trop élogieuse peut-être — que lui adressait le Président en lui notifiant le choix que l'Académie avait fait de sa personne. Je me contenterai de dire qu'à l'étranger, comme en France, les travaux de M. Boutiot sont goûtés et appréciés à leur juste valeur.

Je termine par où j'ai commencé, par cette pensée du Dante, que le diplôme de l'*Academia araldica* de Pise porte en épigraphe et que j'ai appliquée à la mémoire de notre regretté collègue. Oui, le travail a vraiment anobli M. Boutiot, mieux encore que n'aurait pu le faire la naissance, et si sa famille peut être fière de porter son nom, la Société Académique de l'Aube et son pays tout entier pourront aussi s'enorgueillir des travaux importants et des bons exemples qu'il nous a laissés.

Troyes, le 1er juin 1877.

LISTE DES TRAVAUX PUBLIÉS PAR M. THÉOPHILE BOUTIOT

1º. Géologie du département de l'Aube. — Signé T***.
> Inséré dans le *Propagateur* du 22 novembre 1846.

2º. Une histoire de Chauffeurs. Grison et Emery.
> Inséré dans l'*Almanach de Troyes et du département de l'Aube,* 1848. — C'est sur cet article que M. Amédée Aufauvre broda son *Histoire des Chauffeurs ou le Boucher de Vendeuvre.*

3º. Essai géologique sur les sources de la Barse. — Troyes, Bouquot, 1848. In-8º avec carte lith.
> Extrait des *Mémoires de la Société Académique de l'Aube,* 1848, p. 395-423.

4º. Le Valsurzeneth. — (Troyes, Anner-André, 1848). In-8º.
> Extrait du journal *La Sentinelle républicaine de l'Aube,* nº du 3 mai 1848.

5º. (Discours nécrologique à l'occasion de la mort de M. Edmond Gayot, juge à Troyes.)
> Inséré dans le *Propagateur* du 3 juillet 1849.

6º. Observations sur le niveau aquifère de la limite occidentale du calcaire jurassique dans le département de l'Aube (avec une carte coloriée).
> Inséré dans les *Mémoires de la Société Académique,* tome XV, 1849, p. 49.

7º. Notes sur les actes et les registres de l'état civil dans l'arrondissement de Troyes, extraites de recherches sur les actes et les registres de l'état civil, suivies de Recherches sur les noms d'hommes, eu égard à l'état civil. — Troyes, Bouquot, 1850. In-8º, avec 4 tableaux lith.
> Extrait de l'*Annuaire de l'Aube,* 1850, 2ᵉ part., p. 23.

8º. Rapport adressé à M. F. P. de Bantel, préfet du département de l'Aube, par M. Boutiot, chargé du dépouille-

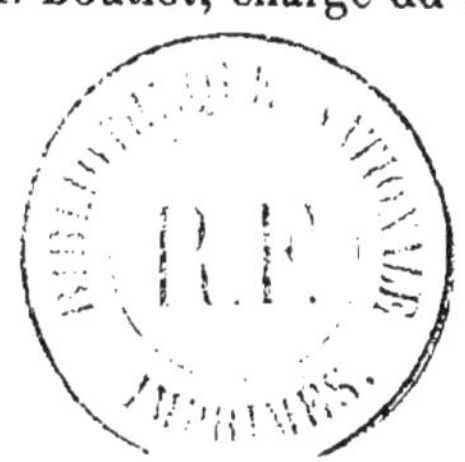

ment des archives déposées aux prisons de Troyes. — (Troyes, Bouquot, 1851). In-12.

> Extrait de l'*Annuaire de l'Aube*, 1851, 2e partie, p. 25.

9°. Deuxième rapport adressé à M. F. P. de Bantel, préfet de l'Aube, sur le dépouillement des archives déposées dans les combles des prisons de Troyes. — (Troyes, Bouquot, 1852). In-12.

> Extrait de l'*Annuaire de l'Aube*, 1852, 2e partie, p. 13.

10°. Etat du domaine du roi dans le bailliage de Troyes, en 1595, pour une année finie au jour de la fête de la Madeleine. — (Troyes, Bouquot, 1852). In-12.

> Extrait de l'*Annuaire de l'Aube*, 1852, 2e partie, p. 29.

11°. Etudes sur le forage projeté d'un puits artésien à Troyes. — Troyes, Bouquot, 1852. In-8° (2 pl. lith. contenant plusieurs coupes).

> La coupe principale a été reproduite dans le *Bulletin de la Société de géologie de France*.
>
> Extrait des *Mémoires de la Société Académique de l'Aube*, 1851, p. 137-192.

12°. Réponse aux objections soulevées à propos des études sur le forage projeté d'un puits artésien à Troyes. — Troyes, Bouquot, 1852. In-8° avec une planche lith.

> Extrait des *Mémoires de la Société Académique de l'Aube*, 1852, p. 351-367.

13°. Recherches sur les grands jours de Troyes. — Paris et Troyes, Bouquot, 1852. In-8°.

> Extrait des *Mémoires de la Société Académique de l'Aube*, 1852, p. 405-446.

14°. Notice sur les Seigneurs de Jaucourt.

> Inséré dans le *Portefeuille archéologique de la Champagne,* par A. Gaussen, en tête de l'article intitulé : *Reliquaire conservé dans l'église de Jaucourt.*

15°. La Saint-Barnabé à Troyes en 1466, ou une assemblée générale des habitants de la ville de Troyes au xve siècle. — Troyes, Bouquot, 1853. In-8°.

> Extrait du journal l'*Aube,* nos des 18 et 19 juillet 1853.

16º. Notes sur les villes et les châteaux fortifiés du département de l'Aube (avant le XVIe siècle).

> Inséré dans le *Congrès archéologique tenu à Troyes en 1853*, pag. 389-402.

17º. Recherches sur le théâtre à Troyes au XVe siècle. — Troyes, Bouquot, 1854. In-8º.

> Extrait des *Mémoires de la Société Académique de l'Aube*, 1854, p. 420.

18º. Procès-verbal constatant la levée du ban et de l'arrière-ban dans le bailliage de Troyes en 1674. — Troyes, Bouquot, 1854, In-8º.

> Extrait de l'*Annuaire de l'Aube*, 1855, 2e part., p. 3.

19º. Dépenses faites par la ville de Troyes, à l'occasion du siége mis devant Montereau par Charles VII en 1437. — Troyes, Bouquot, 1855. In-8º.

> Extrait de l'*Annuaire de l'Aube*, 1856, 2e part., p. 23.

20º. (Discours nécrologique prononcé sur la tombe de M. Gerdy aîné, au nom de la Société Académique de l'Aube).

> Inséré dans le journal l'*Aube*, nº du 29 mars 1856.

21º. Notice sur la navigation de la Seine et de la Barse. — Troyes, Bouquot, 1856. In-8º, avec documents justificatifs.

> Extrait des *Mémoires de la Société Académique de l'Aube*, 1856, p. 73-119.

22º. Observations sur les inondations de la Barse et les travaux qui peuvent être exécutés pour améliorer le cours de cette rivière. — (Troyes, Bouquot, 1856). In-8º.

> Extrait du Journal l'*Aube*, nos des 28 juin et 3 juillet 1856.

23º. (Deux lettres, l'une du gouverneur de Langres, l'autre de Pierre Belin, et toutes deux relatives à la Saint-Barthélemy.)

> Insérées dans le *Bulletin de la Société de l'Histoire de France*, nº de mai 1857.

24°. Recherches sur les anciennes pestes de Troyes. — Troyes, Bouquot, 1857. In-8°.

> Extrait du *Feuilleton* du journal l'*Aube*, du 2 au 23 mai 1857.

25°. Lettres missives de Henri IV conservées dans les archives municipales de la ville de Troyes. — Troyes, Bouquot, 1857. In-8°.

> Extrait des *Mémoires de la Société Académique de l'Aube*, 1857, p. 285.

26°. Rapport sur les archives municipales de la ville de Troyes. — Troyes, Bouquot, 1858. In-8°.

> Extrait du journal l'*Aube*, du 8 au 13 octobre 1858.

27°. (Lettre de Katherine de Clèves, avec Introduction.)

> Publiée dans le *Bulletin du Bibliophile*, novembre et décembre 1858.

28°. Le Maire et les Eschevins de Troyes prisonniers à l'Hôtel-de-Ville de Troyes en 1675. — Troyes, Bouquot, 1858. In-8°.

> Extrait des *Mémoires de la Société Académique de l'Aube*, 1858, p. 39.

29°. Statistique agricole du département de l'Aube.

> Publiée dans l'Encyclopédie agricole, à l'article AUBE. — Cet article n'ayant point été corrigé à l'épreuve, dit M. Boutiot dans une de ses notes, est plein d'erreurs et de contre-sens.

30°. Notice historique sur Vendeuvre et ses environs. — Troyes, Bouquot, 1858. In-8°, avec planch. lith.

> Extrait de l'*Annuaire de l'Aube*, années 1859, 1860, 1861 et 1862.

> Dans le tirage à part se trouve une *addition* de deux pages relatives à deux poètes de Vendeuvre : JEAN LYÈGE et DIDIER JAQUOT.

31°. Magnicourt. — Signé : B***.

> Courte notice, dans laquelle se trouve une inscription funèbre existant dans l'église de Magnicourt, insérée dans l'*Arcisien*, 1860, p. 93-96.

32º. Note sur le camp d'Etrelles.

> Insérée dans l'*Arcisien,* 1861, p. 97-100.

33º. Marie-Sidonie de Lenoncourt, dame de Marolles, ou la marquise de Courcelles.

> Inséré dans l'*Almanach-Annuaire de l'arrondissement de Bar-sur-Seine,* 1861, p. 103-105.

34º. Guerre des Anglais, 1429-1435. Un chapitre de l'Histoire de Troyes. — Paris et Troyes, Bouquot, 1861. In-8º.

> Extrait du journal l'*Aube,* nᵒˢ du 29 janvier au 19 avril 1861.

35º. Notes rédigées dans l'intérêt de M. le prince et de Mᵐᵉ la princesse de Lucinge, à l'occasion de l'instance admi-ministrative diligentée pour arriver au règlement d'eau du moulin de Sainte-Maure. — Troyes, Dufour-Bouquot, 1861. In-8º, avec plan du cours de la Seine, de Troyes à Vannes.

36º. Etudes sur la Géographie ancienne appliquées au département de l'Aube. — Paris et Troyes, Bouquot, 1861. In-8º avec carte du département et coupes des terrains.

> Extrait des *Mémoires de la Société Académique de l'Aube,* 1861, p. 5.

37º. Revue critique pouvant servir de Supplément au Répertoire archéologique du département de l'Aube, par MM. Emile Socard et Th. Boutiot. — Troyes, Brévot, 1861. In-4º (tiré à 50 exemplaires).

> Extrait en partie du journal l'*Aube,* du 20 septembre au 26 novembre 1861.

38º. Réponse aux articles publiés par M. d'Arbois de Jubainville dans le journal *Le Napoléonien,* et Examen de son *Répertoire archéologique du département de l'Aube.* — Troyes, Bouquot, 1861. In-8º.

> Extrait de la *Revue critique,* sous le titre d'*Epilogue.*

39°. Une histoire de Revenant.

> Insérée dans l'*Almanach–Annuaire de l'arrondissement de Bar-sur-Seine,* 1862, p. 99.

40°. De la Champagne. — (Arcis-sur-Aube, Frémont, 1862). In-8°.

> Extrait de l'*Arcisien,* 1862, p. 101-106.

41°. Les monuments celtiques dans le département de l'Aube. — Troyes, Dufour-Bouquot, 1862. In-8° avec une planch. lith.

> Extrait de l'*Annuaire de l'Aube,* 1862, p. 97.

42°. Etudes sur les voies romaines du département de l'Aube non indiquées dans les anciens Itinéraires. — Troyes, Dufour-Bouquot, 1862. In-8° avec carte du département.

> Extrait des *Mémoires de la Société Académique de l'Aube,* 1862, p. 63.

43°. Lettre sur les archives municipales de la ville de Troyes, adressée à M. d'Arbois de Jubainville. — (Troyes, Dufour-Bouquot, 1862). In-8°.

44°. Des régions naturelles du département de l'Aube.

> Inséré dans la *Revue agricole du département de l'Aube.* Tome I, pages 6, 28, 93, 108, 170 et 309.

45°. Note sur la bataille d'Attila livrée dans les champs de Méry, 452.

> Insérée dans l'*Arcisien,* 1862, p. 117-120.

46°. Note sur le régime des eaux souterraines aux environs de Vendeuvre. — Troyes, Dufour-Bouquot, 1863. In-8°.

> Extrait des *Mémoires de la Société Académique de l'Aube,* 1863, p. 11.

47°. Des limites territoriales dans le département de l'Aube.

> Fragment des *Etudes sur la Géographie ancienne appliquées au département de l'Aube,* inséré dans l'*Almanach-Annuaire* de l'arrondissement de Bar-sur-Seine pour 1863, p. 103-106.

48°. Rapport sur la visite faite au Crot de la Doux à Bouilly, et sur les travaux exécutés dans le but de conduire l'eau de cette source à Bouilly et à Souligny. — Troyes, Dufour-Bouquot, 1863. In-8°.

Extrait des *Mémoires de la Société Académique de l'Aube,* 1863, p. 31.

49°. Inventaire des chaînes de fer qui, au xvie siècle, servaient à la défense de la ville de Troyes. — (Troyes, Dufour-Bouquot, 1863). In-8°, fig.

Extrait de l'*Annuaire de l'Aube,* 1863, 2e partie, p. 25-43.

50°. Note sur le passage à Troyes, en 1390, de Jehan Froissart et de Valentine de Milan, alors duchesse de Touraine. — (Troyes, Dufour-Bouquot, 1863). In-8°.

Extrait du journal l'*Aube,* 6 et 7 mai 1863.

51°. Voies romaines de l'arrondissement d'Arcis.

Inséré dans l'*Arcisien,* 1863, p. 103-108.

52°. Marie ou la grosse cloche du Beffroy. — Troyes, Dufour-Bouquot, 1863. In-8°.

Extrait du journal l'*Aube,* du 28 juillet au 9 août 1863.

53°. Mémoire présenté à M. le Maire et à MM. les membres du Conseil municipal de la ville de Troyes, par M. Charles Huot, propriétaire des moulins de Jaillard, pour être déchargé de la partie de l'entretien du pont de Jaillard mis à la charge de ces moulins. — Troyes, autographie de Dufour-Bouquot, 1863. Grand in-4°.

54°. Notes sur les inondations de la rivière de Seine à Troyes, depuis les temps les plus reculés jusqu'à nos jours. — Troyes, Dufour-Bouquot, 1863. In-8°.

Extrait de l'*Annuaire de l'Aube,* 1864, 2e part., p. 17.

55°. Querelles entre le Bailliage et l'Echevinage de Troyes à l'occasion de la préséance. — Troyes, Dufour-Bouquot, 1863. In-8°.

Extrait de l'*Annuaire de l'Aube,* 1864, 2e part., p. 47.

56º. Trois pièces inédites sur la navigation de la Seine. — (Bar-sur-Seine, Saillard, 1864). In-8º.

> Extrait de l'*Almanach-Annuaire de l'arrondissement de Bar-sur-Seine*, 1864, p. 80-87.

57º. Des seigneurs d'Arcis-sur-Aube de la famille de Poitiers de Valentinois, de la branche de Saint-Vallier. — Signé : T. B.

> Inséré dans l'*Arcisien*, 1864, p. 81-85.

58º. Une visite au château de Chassenay.

> Insérée dans l'*Annuaire de l'Aube*, 1864, 2e part., p. 81, pl. lith.

59º. Des priviléges singuliers de l'abbaye de Notre-Dame-aux-Nonnains de Troyes. — Paris et Troyes, Dufëy-Robert, 1864. In-8º.

> Extrait du *Feuilleton* du journal *l'Aube*, du 4 au 11 juillet 1864.

60º. Louis Jouvenel des Ursins, chevalier, bailli de Troyes. — Troyes, Dufour-Bouquot, 1864. In-8º, pl. lith.

> Extrait de l'*Annuaire de l'Aube*, 1865, 2e part., p. 93.

61º. Charte d'affranchissement des habitants de Beurey. — (Bar-sur-Seine, Saillard, 1865). In-16.

> Extrait de l'*Almanach-Annuaire de l'arrondissement de Bar-sur-Seine*, 1865, p. 91.

62º. Episode de la guerre des Anglais.

> Inséré dans l'*Arcisien*, 1865, p. 192.

63º. Un mot sur Méry-sur-Seine et sur la bataille d'Attila.

> Inséré dans l'*Arcisien*, 1865, p. 100-102.

64º. Histoire de l'instruction publique à Troyes (pendant les quatre derniers siècles). — Troyes, Dufour-Bouquot, 1865. In-8º.

> Extrait du *Feuilleton* du journal *l'Aube*, du 11 janvier au 10 mars 1865.

65º. Notice sur les limites territoriales dans le département

de l'Aube. — (Paris, Imprimerie impériale, 1865).
In-8°.

Travail lu à la Sorbonne, dans la réunion des Sociétés savantes des départements.

66°. Note sur des fragments de vase et d'os humains trouvés à Villepart en 1863. — (Paris, Imprimerie impériale, 1865). In-8°.

Extrait des *Mémoires de la Société Académique de l'Aube*, 1864, p. 21.

67°. Des institutions communales dans la Champagne méridionale au xii° et au xiii° siècles. — Troyes, Dufour-Bouquot, 1865. In-8°.

Extrait du *Congrès scientifique de France, trente-unième session, tenue à Troyes au mois d'août* 1864. — Troyes, 1865, p. 578.

68°. Les Templiers et leurs établissements dans la Champagne méridionale. — Troyes, Dufour-Bouquot, 1866. In-8°. (Pl. lith., dessin de M. Henri Boutiot.)

Extrait de l'*Annuaire de l'Aube*, 1866, 2e part., p. 27.

69°. Souvenirs de 1790. — (Bar-sur-Seine, Saillard, 1866). In-16.

Extrait de l'*Almanach-Annuaire de l'arrondissement de Bar-sur-Seine*, 1866, p. 116.

70°. Fouilles de la cathédrale de Troyes, opérées en juin 1864. — (Troyes, Dufour-Bouquot, 1866. In-8°). (Pl. lith.)

Extrait des *Mémoires de la Société Académique de l'Aube*, 1866, p. 5.

71°. Description en vers burlesques de l'assemblée tenue au Palais Royal à Troyes, à l'occasion de la convocation des Etats-Généraux en 1649. — Troyes, Dufour-Bouquot, 1867. In-8°.

Extrait de l'*Annuaire de l'Aube*, 1867, 2° part., p. 65.

72°. Notes sur les anciennes exploitations métallurgiques des

contrées composant le département de l'Aube. —
(Paris, Imprimerie impériale, 1867). In-8°.

Travail lu à la Sorbonne, dans la réunion des Sociétés savantes des départements.

73°. Louis XI et la ville d'Arras. Episode de la guerre contre Marie de Bourgogne (2 juin 1479-13 octobre 1487). — Troyes, Dufey-Robert, 1867. In-8°.

Travail auquel l'Académie d'Arras a décerné une médaille d'or, et qu'elle a inséré dans ses *Mémoires*.

74°. L'Hôtel de la Montée-Saint-Pierre à Troyes.

Inséré dans l'*Annuaire de l'Aube*, 1868, 2ᵉ partie, p. 161-165, avec pl. lith.

75°. La Prévôté royale de Troyes. — Troyes, Dufëy-Robert, 1868-1869. In-8°.

Extrait de l'*Annuaire de l'Aube*, 1868, 2ᵉ part., p. 83, et 1869, 2° partie, p. 59.

76°. Délibération de la Chambre de commerce relative au projet de construction du chemin de fer de Calais à la Méditerranée par Amiens, Troyes et Dijon, 30 juin 1869. — Troyes, Dufour-Bouquot, s. d. In-8°.

77°. Alignement de la rue de la Tour. (Mémoire contre M. Argence, maire de Troyes.) — Autographie, 1869. In-4°.

L'auteur a gagné son procès.

78°. Etude sur le projet de construction du chemin de fer de Calais-Méditerranée, par Amiens, Troyes et Dijon. — (Troyes, Dufour-Bouquot, 1869). In-4°.

79°. Le fort Chevreuse et le fort de Guise ou Tour-Boileau, à Troyes.

Inséré dans l'*Annuaire de l'Aube*, 1870, 2ᵉ partie, p. 145-147, avec pl. lith.

80°. Nouvelles recherches sur la Cour des Grands-Jours. — Troyes, Dufour-Bouquot, 1870. In-8°.

Extrait de l'*Annuaire de l'Aube*, 1870, 2ᵉ part., p. 61.

81°. Décentralisation administrative. Des maires et conseils de ville depuis le xII^e siècle jusqu'en 1789. — Troyes, Dufour-Bouquot, 1870. In-8°.

> Extrait des *Mémoires de la Société Académique de l'Aube*, 1870, p. 5.

82°. Notice biographique de M. le baron Pavée de Vendeuvre, ancien pair de France. — Troyes, Dufour-Bouquot, 1873. In-8°, avec portrait gravé.

> Extrait des *Mémoires de la Société Académique de l'Aube*, 1871, p. 207.

83°. Recherches sur la juridiction du Roi, sur celle de l'Evêque dans le bailliage de Troyes, et sur les coutumes de ce bailliage. — Troyes, Dufour-Bouquot, 1873. In-8°.

> Extrait des *Mémoires de la Société Académique de l'Aube*, 1872, p. 5.

84°. Notes sur les justices seigneuriales de la ville et des faubourgs de Troyes. — Troyes, Dufour-Bouquot, 1873. In-8°.

> Extrait de l'*Annuaire de l'Aube*, 1873, 2e part., p. 3.

85°. Des anciennes fortifications et de l'ancien beffroi de la ville de Troyes. — Troyes, Dufour-Bouquot, 1873. In-8°, avec pl. lith.

> Extrait de l'*Annuaire de Aube*, 1874, 2e part., p. 77.

86°. Deuxième lettre à M. d'Arbois de Jubainville (à propos d'un chapitre de l'Histoire de Troyes). — (Troyes, Dufour-Bouquot, 1873). In-8°.

> Placée en tête du 4e vol. de l'*Histoire de Troyes*.

87°. Dictionnaire topographique du département de l'Aube, par MM. Théophile Boutiot et Emile Socard. — Paris, Imprimerie nationale, 1874. In-4°.

> Ouvrage couronné à la Sorbonne, au concours de toutes les Sociétés savantes des départements, en 1866.

88°. La noblesse du bailliage de Troyes aux Etats-Généraux de 1789.

> Extrait de l'*Annuaire de l'Aube*, 1875, 2e part., p. 93.

89°. Histoire de la ville de Troyes et de la Champagne méridionale. — Troyes, Bertrand-Hû, 1870-1875. 4 vol. in-8°, fig. et plan lith.

> Le grand *Plan de Troyes* qui accompagne le 4e vol. a été dessiné par M. Henri Boutiot, fils de l'auteur. C'est une réduction du grand Plan manuscrit conservé à la Bibliothèque publique de Troyes.

M. Boutiot a laissé plusieurs manuscrits inédits. La Société Académique de l'Aube va publier prochainement, dans le 1er volume de ses *Documents inédits*, les Cahiers du Bailliage de Troyes aux Etats-Généraux. C'est un des ces manuscrits que M. Boutiot s'est donné la peine de copier aux Archives municipales de la ville.

Notre érudit collègue a réuni, chaque jour, pendant toute sa vie, sur des fiches, d'innombrables notes, mine inépuisable, d'où il tirait successivement tout ce qu'il nous donnait, et qui pouvait lui fournir encore la matière de bien d'autres travaux importants. Il est donc bien regrettable que ces matériaux précieux n'aient pas été mis en œuvre!

Troyes, le 1er Juin 1877.

IMPRIMERIE DUFOUR-BOUQUOT
DB
TROYES.